Vente du 20 Décembre 1869

—

PAR SUITE DU DÉCÈS DE M. LAMI

CAISSIER DE L'OPÉRA

—

TABLEAUX

MODERNES ET ANCIENS

DESSINS ET AQUARELLES

—◦—

M⁰ DELBERGUE-CORMONT	**MM. DHIOS ET GEORGE**
COMMISSAIRE-PRISEUR	EXPERTS

PARIS — 1869

CATALOGUE

DE

TABLEAUX

MODERNES ET ANCIENS

DESSINS ET AQUARELLES

MINIATURES

Porcelaines de Chine et de l'Inde

Armes de chasse, Bronzes, Terres cuites, Plâtres, Lithographies
Photographies

DONT LA VENTE AUX ENCHÈRES PUBLIQUES AURA LIEU

PAR SUITE DU DÉCÈS

De M. LAMI, Caissier de l'Opéra

HOTEL DROUOT, SALLE N° 6

Le Lundi 20 Décembre 1869

A DEUX HEURES

Par le ministère de **Mᵉ DELBERGUE-CORMONT**, Commʳᵉ-Priseur,
rue de Provence, 8,

Assisté de MM. **DHIOS** et **GEORGE**, Experts, rue Le Peletier, 33.

EXPOSITION PUBLIQUE

Le Dimanche 19 Décembre 1869, de une heure à cinq heures

PARIS — 1869

CONDITIONS DE LA VENTE

Elle sera faite au comptant.

Les Acquéreurs paieront CINQ POUR CENT en sus des enchères.

L'Exposition mettant les Amateurs à même de se rendre compte de l'état des Tableaux, il ne sera admis aucune réclamation après l'adjudication.

DÉSIGNATION

TABLEAUX MODERNES

CHASSÉRIAU

1 — Suzanne et les Vieillards.

COROT

2 — Mare à l'entrée d'un village.

DANSAERT

3 — Le Bouquet.

4 — Le Pot cassé.

5 — Scène d'intérieur.

DUPRÉ (Jules)

6 — Paysage avec cabanes.

DUVERGER

7 — La Soubrette.

HERST

8 — Le Moulin.

9 — Intérieur.

LAMBINET

10 — Bords de la Seine.

PASINI

11 — Rue d'Alger.

12 — Le Palanquin, scène du Maroc.

13 — Chasse au faucon.

14 — Environs de Constantinople.

15 — Cavaliers arabes.

16 — Cavalier tartare.

17 — Côtes d'Afrique.

18 — Caravane en marche.

19 — Vue d'Orient, ville maritime.

20 — Cavaliers tartares.

POTÉMONT

21 — Le Retour du bois.

RAFFET

22 — Soldat de la République.

REYNAUD

23 — Le petit Muletier.

24 — Environs de Nice.

ROQUEPLAN

25 — Le Moulin.

TASSAERT (1859

26 — Le Songe.

TABLEAUX ANCIENS

AMIGONI (JACOPO)

27 — Portrait de Carlo Broschi, dit *Farinelli*, célèbre
chanteur, né à Naples en 1705 et mort à Bologne
en 1782. Il devint grand chancelier de Calatrava,
sous Ferdinand VI, et par la protection de la reine
acquit une grande influence sur toutes les af-
faires.

Représenté en pied et assis, il tient une guirlande de fleurs;
la musique personnifiée par une jeune femme à demi-nue, lui
place une couronne sur la tête. Dans le haut du tableau plane
la Renommée, à ses pieds et autour de lui sont de petits génies
chantant et tenant des cahiers de musique.

Agréable production, d'un coloris clair et d'une exécution
facile, due à Amiconi, l'un des plus habiles artistes vénitiens du
commencement du XVIIIᵉ siècle.

Toile. — H. 2 m. 75 c. L. 1 m. 85 c.

BEATO ANGELICO (École de)

28 — La Visitation.

Dans la partie supérieure du tableau on voit une gloire
d'anges, Dieu le père et le Saint-Esprit.

Bois. — H. 75 c. L. 74 c.

BERTIN (École de)

29 — Paysage.

BOL (FERDINAND)

30 — Portrait du jeune comte Aldrovandi.

Il est vu à mi-corps ; sa main droite tenant un gant s'appuie
sur un parapet en pierre, et sous les plis de son manteau noir on
devine l'autre main placée sur la hanche. Il porte les cheveux
longs et est coiffé d'une toque noire.

Toile. — H. 1 m. 16 c. L. 1 m.

BRONZINO (ANGIOLO)

31 — Portrait de Cosme II, duc de Toscane, âgé de quatre
à cinq ans.

Bois haut. — H. 39 c. L. 20 c.

CIGNANO (CARLO)

32 — La Vierge, buste.

LORENZO COSTA

33 — La Sainte Famille.

La Vierge et saint Joseph sont agenouillés et en prière devant
l'Enfant Jésus, couché à terre sur un linge blanc ; dans le fond,
plusieurs groupes de personnages.

Bois haut. — H. 2 m. 6 c. L. 1 m. 28 c.

FRANCO DE BOLOGNE, 1312

34 — La Vierge et l'Enfant Jésus.

Marie, vêtue d'une robe recouverte d'un manteau richement
brodé, est assise sur un trône et soutient l'Enfant Jésus. Fond
d'or. Sur une marche du trône on lit :

FRANCO BOL. FEC., 1312.

Bois haut. — H. 1 m. 23 c L. 76 c.

ECOLE DE FERRARE

35 — Déposition de la Croix.

Les saintes femmes soutiennent le corps du Christ; à droite, saint Joseph agenouillé et saint Jean; à gauche, Joseph d'Arimathie debout et un saint en costume monacal.

Bois forme cintrée. — H. 23 c. L. 38 c.

ÉCOLE FLORENTINE

36 — La Sainte Famille.

Marie, saint Joseph et l'Enfant Jésus qui se penche en se retournant vers sainte Catherine.
Très-beau tableau, d'un style Michel-Angesque.

Bois haut. — H. 93 c. L. 74 c.

(?)

37 — Portrait du cardinal Galli.

Il est représenté à mi-jambes, assis sur un fauteuil recouvert en velours cramoisi. Il tient de la main droite une lettre sur laquelle on lit :
All. excel. et rever. Signor,
Il signor card. Galli, per Diego Velasquez.

Malgré cette inscription, nous pensons que ce beau portrait appartient à l'école des CRESPI.

Toile. — H. 1 m 58 c. L. 1 m. 17 c.

DESSINS, AQUARELLES

BOURGEOIS

38 — Rivière traversée par un pont.

Aquarelle.

CANALETTI

39 — Scène vénitienne.

Plume et bistre.

FINART

40 — Défilé de prisonniers devant Napoléon Ier.

Aquarelle.

GÉRICAULT (Manière de)

41 — Trois Chevaux.

Étude.

LAUTERS

42 — Ferme, près d'un moulin.

Aquarelle.

PASINI

43 — Halte d'une caravane.

Grand fusain.

PICOU

44 — Sacrifice à Priape.

Mine de plomb.

ROUSSEAU (Ph.).

45 — Cigognes.

Fusain.

DE SWERTOHEOW

46 — La Berline.

Gouache.

47 — Le Chasseur.

Aquarelle.

ÉCOLE MODERNE

48 — La Marchande de pommes.

Aquarelle signée CHARLET.

49 — Cheval de trait.

Plume et sépia.

50 — Ariane.

Pastel.

51 — Six dessins sous verre; Paysages, par divers
maîtres.

ÉCOLE FRANÇAISE

52 — La Main chaude et la Balançoire.

Gouaches formant pendants.

MINIATURES

53 — Vertumne et Pomone.

Miniature par KLINGSTET.

54 — Portrait de femme.

Miniature signée JACQUES.

55 — Portrait du chevalier Dorat-Cubière.

Miniature signée et datée 1794.

56 — Têtes de jeunes garçons.

Deux miniatures de forme ronde.

57 — Portrait de femme du temps de Louis XVI.

Miniature.

58 — Faublas et Mme de Lignolle.

59 — Une Baigneuse.

60 — Figures allégoriques.

Petites grisailles à l'huile, de forme ovale.

61 — Vénus et Adonis.

Peinture sur porcelaine de forme ovale.

62 — La petite Fille au chien.

> Peinture sur porcelaine.

63 — Cavalier et Amazone.

> Deux peintures ovales sur porcelaine.

64 — ANNA BARBACA VON ESCH, 1732. Scène de l'histoire de Don Quichotte.

> Peinture sur verre.

OBJETS DIVERS

65 — PORCELAINES de Chine, de l'Inde et de Saxe; Vases, Cornets, Potiches, Pots à tabac, Bols, Groupes.

66 — ARMES DE CHASSE : Boîte à deux fusils et accessoires de *Houllier Blanchard*; autre Boîte à fusils, canons doubles de *Caron*; Pistolets, Revolver, Poignards, Cannes, Pipes, etc.

67 — BRONZES. Groupes, Figurines, Bustes, Coffrets, Coupes, Encriers en bronze et composition.

68 — TERRES CUITES. Bustes et groupes.

69 — PLATRES. Figurines, Statuettes.

70 — HUIT PHOTOGRAPHIES. Portraits d'artistes et vues de Venise.

71 — ÉCOLE MODERNE. Neuf gravures et lithographies encadrées.

72 — Les objets omis.

RENOU et MAULDE, imprimeurs de la Compagnie des Commissaires-Priseurs, rue de Rivoli, 144. 30210